LLUNA IGLESIAS

REGRESIÓN

UN POEMARIO ESCRITO DESDE
LA HERIDA EMOCIONAL

Portada de
GAIA IGLESIAS

bresca
literatura

© Lluna Iglesias, 2026
© Profit Editorial I., S.L., 2026
  Bresca Editorial és un segell de Profit Editorial I., S.L.
  Travessera de Gràcia, 18; 6è 2a; Barcelona-08021

Diseño de cubierta y maquetación: Jordi Xicart

ISBN: 979-13-87796-74-7
Depósito legal: B 2761-2026
Primera edición: Febrero de 2026

Impresión: Gráficas Rey
Impreso en España – *Printed in Spain*

❖ ÍNDICE ❖

Prólogo 9

LA NIÑA QUE EN JAULA VIVIÓ
    La niña que en jaula vivió (I) 15
    La niña que en jaula vivió (II) 18

UN ADIÓS AL VACÍO
    Como hermanas 23
    Conectadas 25
    «Personas que no callan pero que esconden
    Secretos» 27

DÍA A DÍA
    04/02/15 31
    24/06/18 32
    31/03/19 34
    11/05/21 36
    18/01/24 39

EL INICIO DE ESTOS VERSOS
    Locura 43
    Lluvia 46
    La niña de la séptima 47
    Limpia 49
    Octubre 51
    Tinta ensangrentada 52

Más que tristeza

    Retratando la tristeza 55

    (Sin título) 57

    Tan pequeña.. 58

    Ángel... 60

    ¿Dueña de mi vida?.. 62

    Ritual de una superviviente 64

    Negro 66

Singulares

    El rostro de un bello misterio 69

    Arde 70

    Océano... 73

    Pequeña guerrera.. 74

    Abrázame 75

Diluvio

    (Des)control.. 79

    Euforia 81

    Vacía 82

    Epílogo 85

Para mi hermana Gaia...

❖ PRÓLOGO ❖

Hace doce años, escribir poemas se convirtió en un modo de sobrevivir. Era la manera de que mi salud mental se mantuviera intacta, aunque por desgracia no fue así. Empecé a tener la necesidad de escribir poemas porque no estaba bien. Son unos poemas para mí muy especiales porque aparte de ser los primeros que escribí, es la primera vez en la vida que salía algo de mí que no era luz. Y para mí ser una persona imperfecta siempre ha sido muy importante porque CASI TODA MI VIDA me he dedicado a lo contrario. La oscuridad que hay en mis poemas son sentimientos en vena que de mí necesitaban salir. RECUERDA: no está bien destrozar tu cuerpo, más adelante entenderás el porqué, y si lo estás haciendo ve directamente al poema «OCÉANO», en la página 73.

Estuve dos meses en cama, depresión no es estar triste. Y no lo escribo precisamente para dárselo por la cara a aquel que no lo sabe, sino que lo hago para decirte que sí, que te entiendo.

Viví una época en psiquiátricos, y aún estoy en ellos. He pasado, como sabrás luego, días atada, épocas muy muy muy medicada. Cosas que solo podría explicar con versos. Emociones que solo podría expresar con palabras. Es muy duro ver como el mundo de fuera va girando y tú te detienes un, dos, tres y más años. Pero hay esperanza, sí la hay. Y hay muchos poemas que te dedico a ti, que no la encuentras.

He vivido, también, el suicidio muy de cerca, hasta yo misma lo he intentado. No hay palabras para eso, solo un minuto de silencio.

Y es precisamente esta rabia la que me ha mantenido viva para sobrevivir a todo eso, a aquella rabia y a aquella injuria.

De mis entrañas.

De mi puño nació.

Escribo esto desde mi amor por la escritura, desde mi pasión por la filología. Soy una persona que siempre se ha sentido muy interpelada por todo lo relacionado por la literatura y, cuando me han preguntado a qué me quiero dedicar o, directamente, a qué me dedico, he contestado «soy escritora». Adoro mi oficio. No ha sido hasta ahora que se me ha dado la oportunidad de escribir por y para el público, y estoy disfrutándolo de un modo diferente a cuando solo escribía para mí. Este descubrimiento me hace muy feliz; me hace contenta, porque al final es lo que siempre había deseado y para lo que había trabajado con todas mis fuerzas. Para llegar a escribir y poder ser leída.

Narrar ha sido y será siempre mi gran vicio, mi vida, a lo que me quiero dedicar y a lo que dedico la mayor parte de mi tiempo libre. Es con lo que disfruto.

Tengo que decir que escribir poemas no ha sido siempre mi gran vocación. En mi trabajo ha sido y es siempre algo secundario. Sin embargo, hace poco me surgió la oportunidad de escribir un libro, y como era un sueño, aquí estoy.

Debes tener en cuenta que siempre me he visto obligada a callar, que según lo que decía me castigaban sin salir a la calle o sin patio, que siempre ha habido censura en mí. Bueno, siempre no, de los catorce a los veintidós años, que es cuando he estado encerrada. Esta es la primera vez que la Lluna de catorce años se puede expresar con libertad, que puede contaros lo que allí dentro pasó. Ya que para mí la escritura es eso, libertad, y es una manera de poder decir qué, cómo y cuándo pasaron las cosas sin que nadie me obligue a callarme la boca. Es por eso por lo que os muestro estos poemas, no he tocado ni una coma de lo que escribí desde 2017, porque pienso que es muy importante que la Lluna de ese tiempo pueda decir ahora lo que se le pasó entonces por la cabeza. Al fin y al cabo es lo que a ella le hubiera gustado mostrar al mundo en ese momento.

LA NIÑA QUE EN JAULA VIVIÓ

Una vez una auxiliar me hizo una pregunta: «¿Qué sientes cuando estás aquí?». Se llama Paula y es la única de todo el hospital que no me ha atado a una cama por las cuatro extremidades. Aquí van esos poemas; por esa pregunta, esta es su respuesta. Por Paula, creo que os merecéis saber la verdad.

Tal vez empiece un poco fuerte, o tal vez no. A lo mejor es por esto por lo que os habéis comprado este libro. No lo sé, pero aquí lo tenéis.

LA NIÑA QUE EN JAULA VIVIÓ (I)

Toda la vida,
en jaula residía.

De pronto,
la libertad
para ella quisieron.

Ella no la supo manejar,
pues nunca una posibilidad
había sido,
para la niña
atada.

Su libertad.

Le enseñaron a morder.
Gruñir.
Defender.
Cuando la querían coger
y
atar.

De jaula en jaula
fue pasando.

Conforme
la iban torturando,
más empequeñecía.

Y el machaque
de la niña demente
en aumento fluyó.

En jaula siguió.

Triste estaba,
a nadie importaba,
y un día,
agradecida estaría,

de ya no ser,
de ya no estar.

Para que de pronto,
la obligaran
a una libertad
con la que no sabía convivir

(pues siempre se le había negado,
y cuando se cansaron
la desataron),

o a estar
en una jaula
donde solo podía desistir.

El mundo
no es un sitio para ella.

Pues,
aunque sea bella,
la vida no le agrada,

y
la jaula
donde su infancia pasó,
y el futuro
donde su vida vivirá…

es,
para la dulce niña,
una tortura y no una vida
que para ella
tenga sitio.

Quiere su fin
con un pote de litio.

LA NIÑA QUE EN JAULA VIVIÓ (II)

La niña que en jaula vivió
de su jaula un día salió,
la libertad paladeó.
    Bello al principio,
luego lleno de vicios
todo le pareció.

Un martirio.

Así que probó,
pero jodida salió
en su intento por terminar
una vida peculiar.

Enferma.

Lo único que desea
es dormir.

Un día.
Dos.
Tres.

Un sueño eterno.

Para no tener que vivir
lo que después pasó.
Y es que
la volvieron a encerrar

después
de tener su libertad.

Ni un error
con la niña podía bastar.

Y la volvieron a atar

a coger

y a golpear.

Aquella niña
que con un pote de litio
al final
quería llegar.

¿Y qué más pesa,
irse
y parar de sufrir
o quedarse en vida y morir?

UN ADIÓS AL VACÍO

Este adiós al vacío es una despedida a todo lo que me llenaba esta nada que se llama *anorexia*. Esa enfermedad con la que convivo desde que tengo vida casi, once años concretamente. Y con la que he aprendido a sobrevivir, porque o me mataba ella o lo hacía yo. Han sido años de mucha lucha, de muchos poemas también, como estos, que van dedicados a las niñas que conocí en 2021 en Numancia. No son escritos sobre el TCA, sino versos inspirados con personas que tienen TCA, pero que no son eso sino mucho más. Para vosotras va, para las de la planta séptima, os quiero.

COMO HERMANAS

Poco se habla de las lágrimas
que no puedes derramar.

De toda aquella tristeza
que soy incapaz de sacar.

Que me oprime el pecho.
Que me deja sin aliento.
Que me ayuda a sanar
todas aquellas heridas
que no paran de sangrar.

De los secretos,
que a luz no salen.

Que me desgarran

y me dejan hecha solo un boceto.

Poco se habla de los que ríen cuando tienes ganas de llorar
y de los que lloran contigo
cuando ya no puedes más.

De los que te escuchan,
te sacan lagrimales
y te empujan
para dar pasos gigantes.

De los que
pasan de amigo a hermano,

por querer que me quiera
y no soltarme nunca de la mano.

CONECTADAS

Cuando llevas dentro una guerra,
miras el mundo de otra manera.

Reconoces el dolor,
se te clava en el interior.
Conectas con aquellas
que no son dueñas de su mente,
    sino esclavas diariamente
de pensamientos díscolos.

¿Y si es así eternamente?

Porque, aunque a veces
no se oigan sus lamentos,
sí se nota en los ojos
cuando por dentro alguien
se está rompiendo.

Te recuerda tu dolor,
te devuelve al ardor

del infierno que quemó
y arrasó tu interior.

Sin embargo,
también se despiertan en ti
las ganas de sanar

a todo aquel

que,

dolorosamente,
te recuerda a ti.

Sí,
supongo que hay cura
para la locura.

Sin embargo,
dudo que sea
la de esta sociedad de mierda.

¡Ella misma está enferma!

«PERSONAS QUE NO CALLAN PERO QUE ESCONDEN SECRETOS»

Tendrías que verte sonreír desde fuera, porque seguro que estarías orgullosa de ti misma y de la forma en la que hablas sin parar y no sueltas ni una palabra con un deje de dolor.

Deberías mirarte cuando te burlas de ti misma animando a la vez a todo el mundo para que haga lo mismo.

Eres la única que conoce la existencia de todo el silencio que esconden tus gritos, de toda la madurez que esa voz de niña lleva dentro y de toda la experiencia centrada en esa corta edad.

Ojalá penetrara alguien en tus ojos tristes, ojalá alguien traspasara el muro que te aleja del mundo; el mismo que has construido a través de los daños, del paso de los daños. Está ahí por una simple razón: que no te vuelvan a romper el corazón. Pero cielo, fuiste tú la única que lo hizo.

Te come por dentro la inseguridad, y ya sé de qué estás segura: de que crees que el único modo de que no te ataquen es escondiendo que eres insegura. Pero si estoy yo segura de algo es de que, escondiéndote, de lo único que puedes estar insegura es de ti misma.

DÍA A DÍA

Estos textos van dedicados a quien sufre día a día, a quien este se le hace difícil y se le hace un mundo despertarse e irse a dormir y descansar, porque, al ponerse a pensar en ello, lo único que necesita es ponerse a escribir para soportar esta pesadilla a la que llaman *realidad*. Estos cinco poemas son un ejemplo de lo que yo necesitaba narrar cada día. Leedlos, estoy segura de que aquí encontraréis un poco de vosotros.

04/02/15

Soy una mujer rota.

Una niña esclava de su mente.

Un monstruo que ya no sabe fingir no serlo.

Soy desastre y dolor,
soy destello y resplandor,
más lo primero que lo último.

Soy fatiga y rabia personalizadas,
soy esa que sonríe aun estando cansada.

Cada vez que me miro al espejo
veo una niña que desconozco.
Ya no soy yo.
Ya no estoy viva.

Soy un cuerpo muerto y mutilado.

24/06/18

No sé cómo decir esto sin romperme,
no sé cómo expresarlo sin llorar.

Fui feliz, sí,
yo.

La chica de los ojos oscuros.
La que sonreía triste como una tonta.
Esta que está sentada delante de ti en el bus.
Una cualquiera.

      Podrías ser tú.

Ahora,
no tengo la necesidad de curvar mis labios.

Fui feliz, sí,
yo.

La chica que tiene las muñecas marcadas
y mirada profunda.
¿Ves?
Te lo he dicho
y me he roto.

Lo he expresado y las lágrimas han salido,
sin parar,

mojando este sucio

y sagrado

papel.

31/03/19

Devuélveme el corazón,
ahora lo tengo partido
y te podrías cortar con él.

Devuélveme mi vida,
ahora ya no tiene sentido
y te podrías hundir con ella.

Sé que nunca fui suficiente,
pero devuélveme
el desastre que era
y lo seré para mí.

Seré mi propio sol,

mi propia luz.

Eso seré.

Porque si hasta ahora
no me quería,
lo haré más de lo que hacías tú.

A partir de ahora
        ya no seré
            un ángel caído
                con las alas rotas.

Me las reparé.
Yo sola.

Aprenderé a volar sin ti,
porque prefiero rozar

el infierno sola

que tocar
el cielo sin juntas.

11/05/21

Tal vez,

si alguna cosa he aprendido
es que todavía creo en mí.

Y es que esta gran mentira
es lo único
que me deja ver a ciegas
lo guapa que estoy
y estaba rota.

Me encantaría poder gritar,
todo el bien que este gran vacío me llena,

y poder llorar

todo lo feliz
que me hace esta tristeza,

todo lo bien que me siento,
cuando sé perfectamente que me hago mal,
y todo lo tranquila
que me hace sentir esta ansiedad.

Me gustaría dejar de vivir a base de las ganas que tengo
de morir.

Y empezar a disfrutar,
de algo que no sea sufrir.
Supongo que me falta cordura
para plantarle cara a mi locura.

Y echarle ganas a sanarme
en vez
de gastarlas todas en

                machacarme.

Sé que no hay nada más bonito
que poder reír de verdad,
pero llevo demasiados años
haciéndolo, escondiendo maldad.

Y son tantos
los gritos que he silenciado
que puede que
tal vez
ya no haya marcha atrás.

Porque
corro sin frenos
hacia ese precipicio
y dudo inmensamente de
si es que no puedo
o es que no quiero
salvarme de mí una vez más.

Pero aún peleo más por saber
si es que ya he caído
o es que siempre he residido allí,
en esa mentira.

O en esa única verdad.

18/01/24

La vida se me cae en pedazos,
sí,
esa que pasé años esperando,
con la que me costó
volver a estrechar lazos.

No sé

si es que no puedo
o es que no quiero
dejarme en paz
de una vez.

Lo que sé es que:

no puedo convivir
conmigo.

Que cada día que pasa,
me odio un poquito más
y me voy quedando sola y sola...
A las buenas todo el mundo está,
a las malas todos ellos se van.

EL INICIO DE ESTOS VERSOS

Los versos que estáis a punto de leer son ni más menos mis inicios como poeta. Yo nunca había rimado ni una palabra, pero el dolor me dio ese poder y pude hacerlo desde dentro de cuatro paredes. Supongo que no podía hacer mucho más que desahogar mi furia y mi dolor escribiendo. Supongo que he estado siempre presa del sistema o de la enfermedad, perviviendo. Sea como sea, ha sido muy muy doloroso sobrevivir.

LOCURA

Nadie entiende por qué mis manos empiezan a temblar de golpe,
veo en los ojos de la gente el desconcierto
al observar cómo me cuesta respirar.

Tengo la sensación de que no hay
ni una sola persona que sepa
por qué pierdo el control cuando eso ocurre.

Cuando la única manera de relajarme
es ver la sangre corriendo por mis venas

me siento incomprendida,
pero también viva.

La gente da por hecho que respirar
es estar vivo,

pero se equivocan.

Yo respiro y estoy muerta.

Tengo áridos sentimientos,
abundantes sufrimientos.
Y vivir,
vivir era aquello de disfrutar
el día a día y sonreír
sin esconder secretos
que desgarran nuestro corazón.

Noto
que el temblor baja
lentamente hasta mis piernas,

y ahora todo mi cuerpo parece
pequeño,

inseguro.

La vista se me nubla,
me cuesta concentrarme
en mi entorno.

Entonces siento,
como ya he dicho antes,
que no estoy viva.

Como si todo lo que me está ocurriendo
fuera parte de
                una pesadilla.
Y es entonces
cuando siento la locura en el pecho,
es una sensación horrible,
que no puedo expresar en palabras.

Y,
por lo tanto,
lo hago en *cortes*
para sentir que estoy aquí,
en la Tierra,
y que soy humana.

Luego,

me entran ganas de dormir
para dejar de pensar
y olvidar
el infierno en el cual
hace unos minutos estaba sumergida.
Pero

¿cómo se duerme uno con tanto ruido en la mente?,

y llega el momento
en el que me vuelven a temblar las manos.

Y entro en el horrible
bucle del cual
solo

escribiendo me puedo escapar.

LLUVIA

Ella, la de ojos oscuros y tristes.
Ella, la que sangra tinta día tras día.
Ella, tan hermosa que no consigue verlo.

Tantas caras que tiene su mente que no puede entender.
Tantos secretos que carga.

Ella, la que siente el dolor a flor de piel.
Ella, la de ojos oscuros y tristes.
Ella, la que acaba de morir empapada por el frío de la lluvia.

Ella, mujer de lluvia.

LA NIÑA DE LA SÉPTIMA

Hay una niña en la séptima que tiene los ojos tristes y la sonrisa rota, que tiene un gran corazón y una autoestima diminuta, que quiere tanto a la perfección como se debería querer a sí misma, como debería querer a la vida. Me quedé helada al ver esa mirada que callaba a gritos ayuda, que suplicaba al mundo en silencio que alguien la sacara de la cárcel de su mente, donde también estaba preso su cuerpo.

Ella no es lo que parece, la seguridad que transmite a simple vista no es ni de lejos la que en realidad tiene. Cuando vi por primera vez aquella desafiante sonrisa me quedé impactada, pues no entendía cómo una curva tan bella podía esconder tanto secreto, tanto dolor. Ese pelo rubio y alocado refleja una locura interior cuyo control ha perdido, ¿o es que nunca lo ha tenido?

Lo que empezó siendo capricho terminó por ser obsesión, lo que en un principio era para ella misma era en realidad para los demás. Cuando el monstruo empezó a dominar su vida, ella no era consciente de lo hermosa que era (por dentro y por fuera), a lo mejor nadie se lo había dicho, a lo mejor nadie la había hecho sentir bien con su cuerpo..., pero jamás alguien debería depender de los demás para quererse tal y como es, y menos una niña. Luego, poco a poco, la obsesión por vivir con un cuerpo bonito le quitó precisamente eso, las ganas de vivir. Parece mentira que una persona tan llena de vitalidad pueda llegar a perder el interés por todo aquello que no fuera lo que la destruía.

La niña de la séptima no es que tenga algo especial; es que es especial. Es pura luz, nítida pureza. Y no es lo que tiene lo que la hace única, es su manera de afrontar todas las barreras que la vida le pone lo que la hace brillar.

Porque uno no es una etiqueta, ni mucho menos un diagnóstico, uno es lo que lucha para que una adversidad (en su caso, el TCA) no bloquee tu vida, no destruya para siempre tu autoestima.

Ahora esta mujercita ya no está en la planta siete, sino que reside en su casa, donde debe estar, donde merece estar. Pero no ha parado de luchar, sigue en pie en medio de esta guerra. Sin embargo, ahora sabe que la va a ganar, porque aparte de tener las suficientes herramientas, tiene también manos a las que agarrarse en caso de caída; tiene hombros sobre los que llorar en una oscura noche de llantos, y tiene un alma que la ama intensamente, una mente que piensa en ella día sí, día también. Antes estas manos colgaban encima del pozo en el cual estaba hundida y no era capaz de coger ninguna de ellas, ya que se encontraba demasiado débil para escalar hacia donde estaban. Sin embargo, en cuanto se dio cuenta de que en esa oscuridad también estaba yo, poco a poco aprendió que en la luz que vislumbraba arriba, de la que tanto le habían hablado y que tan inalcanzable parecía, se encontraba más calidad que cantidad de gente que la amaba tal y como era. Pero no negaré que sus ganas de comerse el mundo cautivaron mi mente, que piensa en ella día sí, día también.

La admiro, la admiro de verdad, porque ha sabido plantarle cara a aquello que la deleitaba y que la seducía. Supo pararle los pies a la obsesión, a la búsqueda de la perfección. Ha descubierto el más grande de los tesoros, y es el saber que la belleza está en la mente, en el corazón. Se rompió a sí misma el corazón hace años, y no es cosa de suerte o casualidad que ahora este ya no esté quebrado. Cuesta más tiempo y esfuerzo reconstruir que romper, pero ganas mucho más con lo primero cuando te das cuenta de que lo segundo solo te aleja de todos, solo te aleja de ti.

LIMPIA

Por más que lo intento,
no consigo llevar
más de dos días limpia.

Cuando estoy conmigo
me doy miedo,
porque mi mente
es un constante tormento.

Y termina siempre ganando la partida

que empezó hace años
y se mantiene inestable.

Pero constante.

¿Hasta cuándo podré mantenerlo?

Empecé coqueteando con la muerte,
cuando era tan solo una cría,
una niña ausente de su suerte,
alegre
y solitaria.

No creía en la famosa caída

de la que todos me hablaban,
diciéndome que estaba
a punto de estallar.

Aunque sabía
que la hostia iba a llegar,
yo no era capaz
de poner frenos
cuando estaba a punto de estallar.

Sin embargo,
ahora sé
la teoría

            del derecho y del revés.

Me falta ponerla en práctica,
para

       que
no dañarme sea un hábito
en vez de un susurro inestable.

Al que,
frustrada,
no consigo llegar nunca.

Parece que el dolor
no tenga fin.
Ahora quererme,
más que un honor,

me parece un horror.

OCTUBRE

Inspirado en «El coronel no tiene quien le escriba»

En octubre,
las hojas danzan a mi alrededor,
como una serena y secreta tradición.

«Octubre era lo único que llegaba»,
nos cantaba Márquez al tiempo que nos susurraba.

«No te preocupes,
no me voy de aquí»,

dice el pequeño colibrí.

«Parad de huir de mí»,
sollozaba el gran árbol
al ver
que todas sus hojas ya no forman parte de sí.

En octubre las hojas danzan a mi alrededor,
como una secreta y serena tradición.

TINTA ENSANGRENTADA

Dibujando sentimientos en mi piel,
gritando a vozarrones y, aun así, nadie lo ve.

En los trazos de las letras que afloran en mi piel,
puedo sentir cada lágrima desesperadamente ensangrentada caer.

Escribir desolada para saciar
esta necesidad de que me tengo que cortar.

De liberar las llamas que arden bajo mi piel
usando a modo de terapia el lápiz y el papel.

En la cárcel de mi mente me siento prisionera,
solo tengo el esperanzador consuelo
de que vas a venir a buscarme,
a rescatarme de mi propio infierno
y de sus demonios
que anhelan atraparme.

MÁS QUE TRISTEZA

Estas palabras hablan más allá de lo que todo el mundo ha podido sentir en algún momento. Más allá de la melancolía, de la tristeza y la pena, está la sensación que manifiesto aquí. Más que depresión, es algo muy negro que no se puede traducir. Yo lo he intentado, y aquí podréis leerlo...

RETRATANDO LA TRISTEZA

Te fotografié,
porque las lágrimas
también merecen
ser inmortales.

Y tú eres la tristeza
en estado puro.

Lloras tu dolor
a carcajadas.

Haces magia

con tu desesperación por vivir.

He visto el dolor
en tu rostro.
He visto la lluvia de odio
en tus ojos.

Odio contra el mundo
que no te ha sabido
tratar bien.

Odio hacia la maldita sociedad
que hace que no te sientas querida.

Tengo la sensación
de que tienes tanto peso,

                              y cariño,

para descargar
que ni tú misma
sabes cómo sacarlo
de tu roto interior.

En la fotografía también he visto
la pureza de la sencillez,
porque eres sencillamente imperfecta,
puramente humana.

También veo la valentía,
la valentía de seguir adelante
aun teniendo la vida en contra.

Valentía por no hacerte daño,

aun detestándote a más no poder.

(SIN TÍTULO)

Sumergida en esta oscuridad
no veo claridad.
Mis ojos ya no muestran felicidad.
¿Dónde está la niña que quería soñar?
Tal vez en alguna parte de mi corazón,
donde la vida aún sea una inspiración.
La muerte es solo un sueño,
lejos de mi realidad.
Pero si algún día no amanezco,
que sepas que no es contra mi voluntad.

No fue por voluntad,
sino por descanso.

TAN PEQUEÑA

Mírala,
tan vacía y tan rota.

¿Cómo puede ser
que las mejores personas
siempre son
las que lo pasan peor?

Esa sonrisa,
la curva más perfecta
y peligrosa
que hay.
La que insinúa y te dice:
            «No me conoces y nunca lo harás».

Y su maldita manga larga,
la que esconde
las pruebas
de todas sus noches,

las que no puedes
dejar de mirar.
Las que no puedes
            dejar de querer.

Mírala,
tan pequeña
y tan rota,
tan vacía,
tan triste,

tan sola.

ÁNGEL

¿No ves tristeza en mis ojos?
Mira mis muñecas.

Marcadas de cicatrices de guerra
contra mí misma,
contra el dolor y la locura,
también contra la cordura.

Sigo luchando contra esto y más,
sigo cayendo una y otra vez en el agujero
de la soledad.

Soy un ángel de humo y huesos,
de música y letras.
Un ángel que,
cuando se dio cuenta de la maldita realidad que le rodeaba,
solo quiso volver a casa.

¿Qué hay de mal en eso?

Tengo el cuerpo lleno de sueños sin cumplir,
de anhelos oscuros y tristes,
de deseos fugaces.

Mi mente contiene
un
«yo» monstruoso
y egoísta,
mientras que en mi corazón
está escondida mi Lluna sensible.

¿Cuál de las dos va a ganar el pulso en esta vida horrible?

¿DUEÑA DE MI VIDA?

Hay un monstruo dentro de un armario
que, cuando me voy a vestir,
me da la ropa más triste que tengo.

Hay un demonio en mi sonrisa
que, cuando salgo a la calle,
tiene la manía de hacer visible
el dolor que guardo en mis entrañas.

Hay algo en mí que me hace
          destrozar todo lo que toco,
               todo lo que deseo.
                    Adorar lo que odio,
                         odiar lo que amo.

Este monstruo,
el mismísimo demonio,
ese algo que yace en mi interior;

me está volviendo loca.

No controlo mis pensamientos

en absoluto.

Tampoco tengo el control
de los actos impulsivos
ni de mis autoagresiones.

No soy dueña de mi vida,
pero estoy a tiempo de serlo.
De recuperar todo aquello
que me he perdido
mientras se perdía también mi cordura,
por ese camino lleno de baches,
de emociones
y precipicios de soledad.

RITUAL DE UNA SUPERVIVIENTE

Para Alba, este poema lo escribí el primer día que te vi llorar.

Dos lágrimas asoman
por unos ojos
que no están acostumbrados
a que los vean llorar.

Nunca lo harán,
porque llevan demasiado tiempo
derramando dolor en silencio.

Un silencio que,
dentro de esa cabeza,
hace mucho
mucho

ruido.

Ese llanto no encuentra común
que lo oigan,
ni que lo calmen.

Porque ha sido silenciado
durante demasiado

tiempo.

Como para que,
ahora,
se sienta capaz,

cómodo,
cuando es escuchado.

Ella apaga la luz se su habitación,

se sumerge en una oscuridad total,

y se pone debajo de la manta
para desaparecer
un rato
de esta vida que no quiere.
Y allí,
en su momento del día,
descarga en soledad
lo que cree que
las de su alrededor no entenderán.

En realidad,
lo que no comprende su entorno
es

por qué se empeña
la que siempre ayuda
en que nadie la ayude.

Cuando la apatía puede con ella
no quiere vivir,
tampoco desea morir,
pero ya no tiene suficiente
con sobrevivir.

NEGRO

Un día vas a estallar,

                    pequeña,
y va a brollar de ti una gran pena.
Tu sonrisa frágil no va a esconder más
la tristeza que te ha causado tanto mal.

En tan solo un segundo,
el muro que te ha protegido del mundo
va
a derribarse.

Y la tormenta va a ser demasiado fuerte,
pues ya no podrás jugar más a esconderte.

Las lágrimas van a hacer visible tu dolor
y todos verán negro
allí donde creían que había calor.

En ti,
pero sobre todo en tu interior.

SINGULARES

Estos poemas son muy diferentes entre sí, pero poseen una característica en común, y es que están conectados por el dolor. Cada uno contiene un mensaje diferente, especial y transgresor, están sueltos, ya que solo los he podido agrupar porque los he encontrado especiales y no por otra característica. A pesar de ello, tengo la sensación, al menos, de que son bonitos.

EL ROSTRO DE UN BELLO MISTERIO

That's the little story as the girl you know

(Carmen, Lana del Rey)

Tiene un pelo de un negro azabache,
un pelo negro que le llega a la cintura.

Un pelo ondulado
que simboliza rebeldía.

Un pelo que le cubre,
esos ojos grises peculiares
que reflejan
una madurez mucho más
desarrollada de lo que debería ser.

ARDE

Arde,
arde la impotencia,
arde la crueldad
y arde la lucha.

Cuando se trata de ir
en contra de tus pensamientos,
de evitar los problemas
contigo misma.

Y de plantarle cara a una idealización
que te seduce y te atrapa,
a una perfección inexistente
en la que todos creen,
y a una sociedad enferma
que te exige adaptarte a ella.
Y cuando lo haces
en absoluto te acepta.

Cuando todo eso ocurre,
y el infierno
se convierte en tu día a día,
te quemas bajo las llamas.

Las llamas nacen dentro de un corazón
roto,
dolido.

Aparece,
pequeña y solitaria,
en cero coma se multiplica,
se apodera de tu cuerpo.

Y tu frágil mente,

tu alma cansada
no le encuentra el sentido
a vivir dentro de este infierno
que arrasa con todo lo que encuentra.

Que empieza por apagar tu autoestima,
luego, tu energía,
más tarde, tu alegría,
y al final
                    hasta tu vida.

Se debe luchar demasiado,
tener un ímpetu enorme
y una valentía
digna
de una *supergirl.*

Existe un final,
pero cuesta más
que el principio.

El maldito principio
aquel que deseas borrar de tu memoria.

Miras atrás y duele,
avergüenza.
Mirar adelante desespera,
agobia.

Entonces...
¿qué haces cuando has perdido
las ganas,
las fuerzas,
y la ilusión
de cualquier cosa que antes te llenaba?

Descansar.

Gritar.

Y llorar.

Apaciguar el fuego,
apagar esas llamas
con tus lágrimas,
con tu llanto de niña impotente,
de guerrera fuerte.

OCÉANO

¿Tú también sufres, pequeña?
¿También te acuestas con lágrimas en los ojos,
pensando que no eres suficiente para nadie?

Veo la tristeza en tus muñecas
y el océano donde estás ahogándote en tus ojos.

Aunque los peces de la sociedad
te quieran morder,
no pares de nadar,
te lo pido.

No permitas que la soledad te ahogue.

Porque tú puedes salir
del mar de dudas
y comerte el mundo.

En cuanto la marea se calme,
estoy segura de que,
dentro de tu pequeño corazón,
saldrá una grande
y agradable brisa.

PEQUEÑA GUERRERA

Lucha, pequeña guerrera.

Gana todos y cada uno de estos demonios
que te rompieron el corazón,
ignora sus tentaciones.

Ya sé que los secretos desgarran,
pero niña,
si te rompen el corazón
usa los mil y un pedazos rotos
que en el suelo quedan,
para que…
los pisen los monstruos
como si fueran cristales.

ABRÁZAME

Abrázame, pequeña.
Y sumérgete en el *llanto más profundo*
de tu corta vida.

Saca toda la puta tristeza que,
con valentía,
has estado reteniendo durante

todo este tiempo.

En cuanto saques
la última lágrima
del agónico llanto,
empieza a reír.
A carcajadas,
como si no hubiese un mañana.

Porque se necesita
un grado
muy elevado de locura
para soportar toda esta mierda.

DILUVIO

Cuando mi hermana me propuso hacer un cortometraje sobre mi enfermedad, el TLP, yo ya tenía estos poemas escritos y se los di en mano. Luego los junté e hice un bello escrito titulado «Diluvio». Sin embargo, aquí os dejo los originales, en tres partes, los que escribí en un inicio; espero que así podáis entenderme mejor.

(DES)CONTROL

Cuando la ira crece,
la frustración
                    aparece.
Y el niño ya no es el dueño.

Grita,
porque por dentro todo se agita,
y rompe con todo lo que ve.

Pero, aunque tire un vaso al suelo
y estalle en mil pedazos,
eso no será nunca nada comparado
con el destrozo de su corazón insano.

No hay forma mejor
de explicar el descontrol
que decirte qué es,
un torbellino que arrasa…

Que mata,
que destruye,
a la vez que construye
una barrera
              entre ti
                        y la luz del sol.

Todo eso viene después,
cuando te das cuenta

del intento en vano
que hiciste por
comer.

Sangrar.

Y callar.

El control se volvió en
obsesión.

Y la obsesión es
como una tormenta
donde hay rayos y truenos,
te quita las fuerzas.
Se asemeja
a un tirabuzón que,
clavado en el corazón,
no te deja vivir.

Ahora,

en el cuerpo del niño,

todo es sufrir.

EUFORIA

Un nervio sube de golpe,
atrapado en la garganta queda,
y toda tú te agigantas,
te sientes invencible
como si nadie pudiese hundirte.
El corazón va como loco,
pero es muy angustioso
que en tu cabeza todo se mezcle
y no puedas seguir el ritmo
de los pensamientos
díscolos
que corren por tu mente.

Enérgicamente te mueves,
pero un temblor
gobierna tu interior.

Es horrible
querer comerse
patológicamente el mundo
y saber que,
en cualquier segundo,
vas a caer en un pozo
de lo más profundo.

VACÍA

A veces la *nada*
aparece
    de repente
e invade completamente
todo
lo que me ha llenado siempre.

Anula cualquier sensación
que del exterior intentan transmitirme
en vano
con buena o mala intención.

La ausencia
del sentir
le quita el sentido
al vivir.

De pronto
tienes que aprender

a sobrevivir

con el enorme peso
que conlleva estar vacía.

Todo
se te echa encima
y caes en picado de la cima.

Es horrible.

Esto de estar muerta en vida.

❖ EPÍLOGO ❖

«Desde que sé escribir escribo» me dijo un día Lluna, como quien dice «tengo sed».

Escribir (en verso o en prosa, en sus múltiples libretas o en folios sueltos, dentro de los libros que devoraba y engulle aún hoy, o en el ordenador cuando lo tuvo) ha sido una de sus actividades diarias, casi diría que una necesidad, y a la vez una cuerda que la ha sujetado a la vida y a su gente. Y también, por qué no decirlo, un diálogo, algunas veces, con la muerte.

Estos versos que habéis leído, que duelen y escuecen, que queman e incomodan, son la voz de una niña sensible, asustada pero valiente a la vez, la verdad de una chiquilla que no entendía un mundo que de pronto se volvió oscuro y amenazador, el grito contra un monstruo que la oprimía y fustigaba, que la llevaba al límite sin tregua.

Ella era solo una niña que tuvo que enfrentarse demasiado pronto a sus demonios.

Su arma, la escritura.

Lo que acabáis de leer es solo un pedacito del testimonio de esta lucha.

FLORS MORENO AGUILAR